JN438045

돌고개 풍경

지성 · 감성의 메타언어
조선문학시인선 · 259

돌고개 풍경

장 문 환 시집

조선문학사

■ 책머리에

부지런을 떨지 못했는지, 게을렀는지 둘 중의 하나겠지만 어떻든 데뷔한지 십 수년 만에 처녀시집이라니 부끄러움과 기쁨이 교차한다.

시집 제목으로 얹은 '돌고개'는 고향 예산에 실재하는 고개 이름이다. 거기에 풍경을 곁들여 『돌고개 풍경』이라고 이름 했으니 고향의 이모저모를 노래한, 일테면 고향의 노래인 셈이다. 시인이면 크게는 우주를 노래하고, 자연을, 시대를, 삶을 노래할 것이고 작게는 정든 고향을 노래할 수도 있을 것이다. 작지만 고향을 노래할 수 있었고 또 이를 시집으로 엮어 묶었으니 내 딴엔 기쁨이 크다.

그도 그럴 것이 태어나서 한번도 고향을 뒤로 한적이 없이 오직 고향에서 고향을 벗하며, 사랑하며, 노래하며 살았으니 어찌 복이 많지 않다 할 수 있겠는가. 이런 소의로 해서 『돌고개 풍경』은 내 생과 함께 고향애를 담은 시집이 되게 된다.

4부로 나누었으나 특별한 뜻이 있어서 그런 것은 아니고 편의상 성질을 같이 한 시편들을 묶었을 뿐이다. 끝으로 바쁘신 중 제작을 맡아주시고 평설을 곁들여 주신 박진환 교수께 감사하고 함께 몸담고 활동하고 있는 예산문협, 서안시 가족들에게도 고마움을 표한다.

2009년 早春

장문환

제1부 꽃거지

제2부 사과나무 일기

제3부 풀을 보는 마음

제4부 勞心

제5부 시집평설

제1부

꽃 거지

오월의 여운(餘韻)

초록빛 출렁이는
물발 고운 꽃망울
푸른 침대 위로
살랑거리며
앳된 미모로 피어올라
속이 찬 날
다물 듯 삐진
물밴 꽃으로 피어
어림없는 일자로
샐그러졌지

싫증난 그리움
세월의 이해(理解)로
바람 삭히고 살 깨우는
우중(雨中)에
물불은 성난 파이프로
발갛게 질렸어

참다 못해서

빨갛게 까부는
무지한 얼굴, 가까운
네 창의 거리로 분실되어
진주같은 물보라는
삭혀져 출렁이며
파도를 넘는 갈매기
고운 노래로 물들었지

오월로 빠지는 물소리
밤낮 세월을 일으키는
슬픔을 붙들고
빗속에 핀 작은 꽃 하나

못견디게 곱게 괴로웠던
행복한 노래는
네 몫과 내 몫으로

영원히 열리고 닫힌
발음 소리였던가

시방은
은닉된, 자양균 같은
그리운 추억(追憶)의 그림자가
해면으로 밀려올 듯

초라하게 구슬리는
바람의 바닷가
멀리시 고개숙여 숨쉬는
서투른 시침(時針)
여기는 어딘가

아 ? 야박하게 스치는
희미한 불빛
행복(幸福)의 청구서의
비 안개 서린다

들국화 일기

그냥 갈 수 없는
현란한 보랏빛 꿈속에

한 뼘의 햇살
다정하게
내 추위를 붙들고
풀숲 헤쳐 흔들었다

차분히
소망을 풀어
입술 꼭 깨물었다
허기의 날개를 펴고

달아오르는 눈물
얼룩진 하늘에
곱게 별들이 누워
살며시
경련일어 따라가면

가장
섬세한 땀 끝에 출렁여

아롱진
그리움만 남기고
그렇게 황홀하게 떠났다
아름답게

여기는 어딘가

길들인
언어들이
계절 잃은 길가에
밤낮 없이
초연(超然)히
마구
거꾸러지는
여기는
바로
어딘가 ?

송화(松花)

봄 타던 그때
솔포기 그늘 깔고
잔솔밭 사이로
산들바람

내려다보는
비좁은 벙어리 계곡에
잠시
탐스런 송화 한 송이
간드러지게 피었구나

솔 순 꺾어 훑어 먹다
마주친 눈웃음 붉게 피어
일렁이는 부끄럼에 될성부르듯
시시로 흐림없이
포개지는 봄 하늘
머얼리 멀리

나무의 일기

힘없이 발톱으로
단단한 흙을 밀어 내고 있었다

뜨거운 혈기로
구름이
찢어진 하늘로 뻗어
잡히지 않은 손으로
몸 가누며

사랑이
천만번 거꾸러져도
현주소는
항상 땅 위에 있었다

나뭇가지는
깊은 의미를 주었다

생존해 숨 쉴

음표머리에 예리한
촉각으로 산불 같은 사랑에 이끌려
바람 끝에 매달려 흔들릴 때

사랑의 눈물
그것은 언제나
괴로움의 내용이었다

아가야

- 고층아파트위로 끌려가며 "엄마야 이제 말잘들을게, 죽지말자. 난 싫어 안죽을래" 뉴스를 접하고

아가야
너희들
그날은 말야

엄마 아빠가
일진이 사납고
비운과 육감이 이별한 날이라선지
엄청난 일을 저질렀구나

뼈가 아리도록
서럽구나 … 못낳은
허 참 …
아주
엉성한 주위와 사고가
한없이 밉기만 하다

가난발은 차고
설 곳 없는 인정 무딘 시류 속에서

사정을 붙들고
눈물로 안달도 했으리라

안돌이 지돌이 기대서
지나간 그림자 밟고
원망의 과거가
활활 타도록 몇 날 몇 밤을
한없이 울었으리라

제 멋대로 흘러가는
인정사정없는 사회
이야기야, 말들은 하련만
사춘기인
간밤 꿈에 천장에서

퍽이나
사뭇 가져보고 싶었던
그리움의

봄나들이에서

봄바람에 솜사탕 녹이듯
아양떨며 응석을 부리고
좋아라 뛰던, 그 모습이

사뭇이, 미치게 그리워
참다못해
고사, "황량몽에 노생이"
"여옹의 베개꿈"같은 짓을 옮긴감마저
드는구나, 못낳은…

못된 ……
비열, 처절이 목메 울다 사랑의 한에
무릎을 꿇다니

가난
가난은 흔들리면

흔들릴수록 가난한 법
모든 가난의 길속을
다정한 솜씨들로 길들이지 못한 세상이
열 길, 백 길 천 길을 갔다해도
야속히, 서러워 한이 맺힌다

모든 가난이 이제, 이승과 저승의 천지에서
웃고 우는 즐거운 날로 가자꾸나
아가야
너희들
이제와 어쩌겠니
엄마 아빠 따르고.
부디 편안히 행복하여라
무지개 서고 꽃구름 고운 날에

오늘은
하늘도 목 메이고
저승의 문턱까지 통한이 메아리치는 듯 하구나

폐업한 찻집 · 1

찻잔엔
그렇게 닮은 구름이
창가에 섰다

가난한 사랑은
고독하지 않데요
한 잔 시켜
나눠 마셔요
우리

가볍게
머리를 흔들어 젖히며
찻잔은
그리움의 경계를
벗어날 수 없어
발돋움을 하며
나의 긴 입술이
빨갛게 익었다

으음
아예
지금
이대로 좋아요

이젠
그만
가셔야지요
바람 업고 나간
들창 너머
푸른하늘
빨간 꽃
하나

폐업한 찻집 · 2

온 세상
남루한 나신 허락하고 있어
빗속을 걸어요
우리
암암리에

실핀 한번 못 꽂은
부드러운 머리칼 적시고
가장
은밀하게
온몸 빗물길 따라
게까지
신통한
기별이 닿으면

가진 것 없이
온데 간데 없는
삐걱이는

문 닫힌 찻집에서
오염 안된
한 잔의
행복한
빈 찻잔, 입술쯤 없을라구
감미롭게
나눌 수 있는 …

폐업한 찻집 · 3

요새도
사정이 어둔 찻집에서

나 혼자 비우려는
찻잔에
귀 떨어진
핼쑥한 입술을 댄다

이맘 때
아주 가까운 거리에서
미소가
나부꼈다

서릿바람이 부는
가랑비가 내립니다

자
한 잔
드시지요

꽃 거지

맺자마자
꽃봉오리
바람이 쓸어 가고
봄은
산업 헤징으로 표류 되어
해 넘은
부활(復活)의 검은 상처로 남아
밤낮 꺾어진 우산을
빨갛게 바쳐 들었다
꽃 너울 쓴 거지
꽃 피리나 불자

나는 너 좋아
너는 나 좋아
태풍 없는 밀밭
나는 좋은 것처럼 좋아
쓰디쓴 빈 땅
사랑하는 죄로

꽃 너울 쓴 거지
회신 없는
꽃 피리나 불자

밤거리에
불구 된 꽃밭을 간다
만났던 낯선 풍경
눈부신 겨울 꽃 속 살 너머로

추운 입술과 키스를 했다
내 사랑할 여인(女人) 하나
죄라 마옵소서
도단당한 상처로
꽃 너울 쓴 거지
꽃 피리나 불자

시환(時患)으로
헤프게 쏟아버리는

성숙한 저녁
알몸으로 접질려
수성지업(垂成之業)에
모두 거꾸러져 죽었다
삼십육 초엽
꽃 너울 쓴 거지
장송의 꽃 피리나 불자

땡땡 한 밤
내 마음 동원 할 여인(女人) 하나
갇힌 채 두절된
꽃솜씨
내가 나도 모를 캄캄한 밤
그리움 시비하다 시비로
님은 장미 위로
밤비가 내린다
꽃 너울 쓴 거지
꽃 피리나 불자

찻집의 서정시 (抒情詩)

바다를 향한
사랑의 존재가
무르익는 계절에
생각이 앓다가

갈대속
스카프를 썼어요

선생님, 전 원래 잘 울잖아요
이렇게 …
흠, 참 통탄할 일이군
스카프
비상 날개에
슬픔이 실린 음악이 울면

선생님
찻잔이
너무 어려, 눈물 거두시는 거예요

잔 받으세요. 선생님
그냥 드시면 안돼요
찻잔속엔 복병이 항시
숨어 존재해요. 재회와 이별이

아이
깜짝이야… 저기, 밤을 삼키는 불빛
음 야행객의 담뱃불이 흔들리는군

선생님
무서워, 난 싫어요
으흠, 내손을 꼭 잡아

시상으론 영혼의 저승사자 같군
이제
정서
한잔 들고갈
밤의 어둠이 간다

세환(世患)

산다는 것은
산다는 것은
덧없는
우리
생활속에서
부러워 할 것 없는

너그러운 흙
초목의
신비한 바다에서

피부를 아무리
비벼도
싹터
자라지 못하는
마음이야
어쩌나
어쩌나

이것은
모두 허실한
씩트주의자들이
만든, 하나의
세환이라면

가까운
죽었다 다시 살아나는
한강
어디 깊은 곳 없나요

열렬히
간추린 마음야
마음이야

어쩌나
하불실(下不失)
하불실(下不失)

심상(心想)

잊었나, 잊으려나
세월이 갔나
바삭이는 세월이 왔나

아 머언 산 나무도 조용한데
아픔만 핀다
불꽃이 진다

아낌을 참나 마음만 추리나
어제를 못 건지나
오늘은 빠졌나

아 무거운
인생(人生)의 희생을 지닌 채
아픔을 참고
오늘을 놓친 채로나
청춘의 바람만 묻어라

제2부

사과나무 일기

돌고개 빗길

비는 내리는데
제 몸 부수며 줄줄이 내리는데
비바람은
가냘픈 우산
휘감아 잡도록
세차게 내리는데

동행중인
빗소리는
우산 높이로 발돋움 하며
줄줄이 내리는데
빨갛게 그런 꽃잎 뜬
빗속에 추켜 선 입술
잠시

사색으로
다스리는 위치에 선채로
자유로이

잊을 날 밀여서
서로가, 서로서로 우산대에
성낸 비는 주룩주룩 내리는데
숨은 이야기야 하고, 할
벙어리
휘파람 수피로나, 돌아갈

그 날에 비는 줄줄이 내리는데
말마라! 비에 우산대는
하고 싶은 말을
우산속으로 불러들여
그냥
주룩 주룩 내리는데

그렇게 안겨
비는 사랑하고
잊지 말라 내리는데
깜박에 깜박을

따라 가야할, 그날 부르며
비는 줄줄이 내리는데

탐스런 꽃에는
향기가 없다더라만
오늘 내리는 비는
목종없이 가늘고 깊어
한 아흐레만큼 남은
그믐달은
궁상한 행복이
골수에 맺혀
간지럽고 뜨겁게 슬플뿐
누가
또
이 빗길을 밟으려나

말목(株木)

폭우(暴雨) 전훈(戰勳) 으로 초연히 섰다
밤낮 부동자세(不動姿勢)로
언제 변(變)할지 모르는 외기(外氣) 상황에
홀로 서
방천(防川)의 언어 되어
떨며 흐르는 물소리
담으며
나신(裸身)의 부끄럼 잊은채
얕은 밤안개 가리어
야릇한 밤 밀어(密語) 건진다

이제
곱디던 차원(次元)에
숙명(宿命)은 대부분 떠났고
상처(傷處)입고 부러져
시간(時間)이 남은 사천(沙川)
낡은 자비(慈悲)만 어려 있는 듯
액일(厄日)의 세월(歲月)이 그리 바쁜 줄을 모르고

멎는 줄 몰랐어
덧없이 흐르는 물 때 묻은 밤
저녁으로 앳되게 핀 박꽃도
벌 나비 못보고 바람없이 지는데
네 몸이야 시름한들 어이겠니

이제
변(變)하기 쉬운 일기(日氣) 여울 앞에
네 아름다운 근심에 차
흐느껴 우는 우금소리 행구며
침묵(沈默)의 깊이로 빠져
사천(沙川)을 지켜 서 있구나
결국은 행복하고 아리던 기억(記憶)이 지나가도
심연(深淵)에 그림자 지는 곳

이제 네 몸은 액(厄)의 상처(傷處) 꽃 되어
잔잔한 물결 위에
발가벗고 평화(平和)롭게 선 자리에

별은 고요히 사천(沙川)에 뜨고
나신(裸身)으로 오지 않을 수 없는 신명(神明)에
옆 눈길도 주저 않을 듯 부끄러워
젊은 밤 앞 세우고
향기로운 내용(內容)으로 담방대는 초생달

말목(抹木)과 어설픈 밀회(密會)의 응화(應和)
나신(裸身)으로
사천(沙川)에 흐르는 맑은 세규(世規)물소리 건진다
천명(天命) 앞에서

밤의 멜로디

너와 나는
밤새도록 퍼붓는
멜로디에
불만의 물정을 보복하며
밤 눈 나누는
인색했던 노를 불렀다
음악이 고여있는
밤이 누운
고운 멜로디로

소복소복 살찐
검은 풀밭
밤에만 이슬이 비쳐
속삭이며
금지된 언어는
살찐 시간에 찔려
아름다운 밤은

야위어 갔지

앓던
밤 가슴
검은 피 세우는
밤 귀
어색한 미소로 바뀌어도
살찐 감염된 사랑은
오해를 보급하지 않았어

이제 나겁한 밤도
행복한 짜증 앞에선
밤의 죽음을 빼놓고
마음 부서지게
행복(幸福)했지
그때

고불 맹사성 고택에서

저 멀리 설화산 정기 받아
금곡천 태반에 태어난
“강호사시가”
오백년 전 긴
사적의 사색에서

초당에
그 숨결 몰아
앞뒤 세운
긴 수염의 백발
마치
백로가 날아 앉은 듯 나는 듯한
거목의 여일 올리던 가락

끊이는 듯 이어
읊조리던
청청한 바이브레이션

희비애락에
심금을 울리고 달래던
풍체와
거문고의 공명이 몰려간 자리
저 멀리 아물아물

수 천 수만을 기다리는 듯
햇빛만 반짝인다

그때

그 때, 그때
아주
어렴풋한 짐작이
우리네 삶이 속 트이며

당신들의 한 말씀
한 모습이

우리네
속눈썹 사이사이로 싹 틔워

삶의 세련미 찾아
이러 그러 저러했다던 말을 들으니
밤도 몰래 살지 말자

지금 우리
이러 그러 저러한
상황에서 말야

달빛에게

추녀 끝에 매달린 달빛 속
한 없이 쌓인
어느 사랑한 이야기에
나는 넋을 놓고 있을 때
달빛이
내게로 보낸
네 가까운
묵시의 숨결
애틋한 거리에서
나는 방황하는 중이다

봉창 너머로
새여 드는 달빛
그리움에 흘리는 눈물
가슴 저미는 아픔을
나는 사랑한다

허나

어제를 어쩌나
괴로움을 그리움인 듯
그리움이 괴로움인 듯
위안으로

한 많은 무거운
눈을 껌빽이는 미소로
전설처럼 섬기며
한세상
괴롭고 그리움 적셔야지

물 봉숭아 · 1

설하선에
유취 풍기는 묵시의 꽃
그림자 들면
아롱다롱 피어나는
뭉개춤 모음의 노래로

갈증에 전이된 꽃
만조의 침묵을 깨어
암암리에 살며시 열리면
은하수천 쌍봉에 입술불은 아
자홍색 꽃 진주
향기 두드리던
실로폰 소리

밤낮, 혼야 애걸 속삭여
꽃 너울지면
노여움에 야슬야슬
사랑을 희롱하는

내 생에 천당
꽃에 당신만을
이제
그 황토꽃 곱게 핀
꽃에 당신만을

물 복숭아 · 2

한 세상
미처
몰랐어
벗어날 수 있을까

숱한 날
눠우치지 못한
이 젖은 날개의 동요를

뜬 구름도 외면하던
난중지난(難中之難)에
한덩이
맥반으로
심장은
토라져 줄줄이 비가 내리고
돌아서면 어림없는 설야

세상에

바위같은 입술이
줄어
신(神)의 목구멍처럼
질긴
뿌리내린 날로

은중태산의 가슴에
꼭, 끌어올려
꽃 피우던
그 정원 잊을 수 있으리까

물 봉숭아 · 3

꽃빛 곱게 물든
당신의 언어 속에서
선연한
빛깔로 피어
세상에 서 보니
내 어깨가 무거워
넘고 넘어도
다시 태어나는 언덕

맑은 날에도
간간, 비가 내리고
멀고 먼
낯설은 음악(音樂)이
내 낡은 두 서랍 뒤지면
당신의 꽃 기억(記憶) 앞에서
헹궈내고

이제 주체 할 수 없는 불편을 따서

낯익은
당신 언어의 구도(構圖)를 만나

구성진
미소와 향기로
이름을 짓다가

선명하게 남아있을,
황토 꽃밭 당신의
은하수천 기억 앞에
안기렵니다

물 봉숭아 · 4

땀 밴
백합보다
더
흰
삼베옷자락 속
사뭇
파고든 햇살에
표차롭게 솟아난
자홍색
물봉숭아
수억만
소릿결 융합으로
곱다랗게
농채로 피어나
침묵에
밀착된 언어와 미소로
내 입술에 맺혔던
표정(表情)의
꽃이여

물 봉숭아 ·5

산촌이
마악 저물녘
살짝 걸린 높은 봉
노을 한 점

마치
성내어 향기 복 받치던
내 유년의 꽃에
당신 가슴 같아

아른 아른
엷으리져
닿을 듯 그리움이 얽힌
느을봉 얼싸안고
정들여 놓고만 가네

가려거던
감성이나 정서라도
띄워 놓고 가지

종구락

허전한 모습으로
어디쯤
얼마나
더 가야 할까

온 세상 가난이 고와야
인정도 고운 것을

그렇게
가난을 부리며
퍼 마셨지

기울어진
초막집
살살히 기어 드나들며

핼쑥한 눈에
실눈썹 길게 끄먹끄먹 감어 뜨던

그 천진난만한
세상물정 모르던 솥 종구락

해득할 수 있는
계절은
얼마를 더 가야하며

온몸들
그리
가난한
마음의 창(窓)으로
그리움
묻어 갈 집은
아직도
남아 있을까

사과나무 일기

가을 겨울
봄 여름

내 가슴 걸친
나무들이
어김없이
흙과 다투는 소리 있어
빛과 다투는 소리 있어
물들인다
파아랗게
내 손톱에
때로는
이 비좁은 시각에
느닷없이 뛰어들어
소롯이 기다린다
내 발짝소리를
그러나
왈칵

달려든 정(情)
뼈를 띄운 꽃잎
어차피
내 네향기에
뿌리를 내린
의젓한 알몸
빨갛게
각혈하며 부르는
너의
노랫가락
청산유수 같은
천당
짧은 시각에도
몇 번씩
만난다

제3부

풀을 보는 마음

그곳이 어디신가요

광활한 벌판에서
반쭉정이 몸 연년이
여물어가며
사랑의 눈길에
검은 머리챌 휘어잡혀
이리뒤척 저리뒤척이다

하얀
머릿채로 바뀌어
뒤집어 씌워져

예가 어딘지
낯선 이곳에
내던져 버려지게 됐나이다
엄니
아버지
그곳이 어디신가요?

보리까락 모닥불

분신의 호흡을 하며
야울 야울
검은 육신을 베고
뜨겁게 피어오르는
한 송이
진홍 꽃

어림도 낼 수 없는
그리움만
쥔 손끝
이제
너와 나
어느덧 보이지 않은
애틋한
밤 정원에서
진종일 고달팠던
염기를 닦으며
이렇게 뜨럽고

아프다
지새워
짧은 밤 울어주는
두견새 통성으로
피곤한 날개를 펴고
나는 높고 넓은 창공을
헤집고 헤매이다
네 가냘픈 입술에 내려
나직이 속삭여
뒹굴다가

허리띠 졸라맨
어느 소박한 소년 소녀의
헬쑥한 눈에 눈물의
그리운
한 짝으로나 만나
희비쌍곡선 숨결로나
만들어 보았으면
한세상

채송화 일기

빨갛게 땅 닿게
피어 앉아 있어
그늘진 안에
아름다운 꽃술

멀리 선
바람의 꿈 향해
뜨거운
햇살 바쳐 들고
땀 흘리며
웃고 있어

잡초는 언제나
내 옆에 서 있어
닫힌 창(窓) 찬 바람에
디딘 자리마다
비바람 불어도

씻겨지지 않은
무거운 날에
눈과 손만 도장지처럼
돋아나는
얼굴들

높은 바람
메마른 흙에 떨어져도
이향의 창이 열릴 때
그것은 언제나
그리움을 토하고

나는
밝은 스탠드 불빛아래
사랑의 소설 지으며
고운 씨 털어
한(恨)의 눈물 흘려야지

불귀(不歸)

생각난다
생각이 있어 생각 난다
봄 가고 여름 오니
생각 같은 생각 난다

자꾸만 생각 난다
생각이 살어 생각난다
가을 오고 겨울 오니
생각이 생각 난다

또 생각이 죽도록 생각 난다
돌와 와서 진한 생각
돌아 가려 먼 생각
생각 끝에 생각난다

그리움 그리워 생각 나고
그리움 슬퍼 생각 난다
알게 모르게 그리운 생각

울타리 안안팍
그리워 생각난다

암시(暗示)

사뭇
스쳐가는 무감각한
세월 속에
봄 여름 가을 겨울
삭 망월로
싹둑싹둑
온몸 열기 풀어내려
세월의 잔류만
잘라내고 있었다
사정없이
무너져 내리는
눈매로

내 안색이
아주 이색지게
구겨져가고 있을 때

오랫만에

찾아온
딸아이가
느닷없이
가위 쥔
내 손을 잡고

"아빠"
"얼굴이 이상해" 하는
고함소리에
깜짝 놀라
창문을 열자
우르르르
뛰어 들어오는
아기(雅氣) 노숙한
세월의 암시

세월의 잔류를 포박하던

광기가 낀 몇 녀석들 붙들고
천촌만락을
어떻게 찾아, 이승과 저승을
넘나드나를
로비를 찾아 사귀였다
살짝,
아기 노숙하게

호밀밭

연초록
은회백색 물결 치는
호밀밭에
샐글어진 얼굴
검은 분 바르고
조각달
기울어진 그늘에
밤이슬 젖어가며
한 자의 스프링 코우트
나누어 덮고
호밀꽃
검은 피 흘리며
밤소리 치던
깊은 밤
아 행복(幸福)한 그 밤

풀을 보는 마음

더디 안 세월
어디쯤 가고 있을까

아름다움을 지우며 살아보자던
짙은 빛깔
감미롭게 빨던 입술을 다문 채
사색의 고개를 숙이고

창백한 얼굴을 가지고도
기쁜 듯이
오늘도 조그만 심장을 움직이며
햇빛조차 몸살하는 석양에 매달려
요행의 주문을 외운다

예고없이 오는 날을
밀어 놓을 수 없어
철 따라 맺어도 졸아 붙는 햇살
모두 삭힐 수 없는 껍질로

외톨아지는 세월
사랑의 무게로 떨어져
바람은 휘어진 가지 끝에서 돌아오지
않는다
모두가 세상을 아는 심약한 풀이기에
깊게 뉘우치는 빛으로 흔들려
지난 세월에
찌들은 얼굴을
바람이 씻고 간다
멀리서 풀밭에 서있는 사람
그가 여는 창문 소리 들린다

무상(無常)

든든한
시간을 안고
어울어져도
이따금씩
먹구름 몰고 와

내 육신을 터는 바람
그것은
만인에게 주는
무상의 벗

턱을 괴고
밤낮 코를 고는
바위를 본다

아리아리한
삶이 진행되는 날
새벽 녘

동산에
소상이 드러내는
간직한
비밀스런
그림자

청운에 슬기의 향이 슬은
철겨운 비는
언제나
내리려나

바구니 속

샘이
모이는
가을 붙잡고
눈웃음
따 담은
바구니 속
마음내키는
살짝 핀
아가씨
눈

회화(繪畵)

메밀꽃
기지개 켜는 강가에
아지랑이 야울 야울
넘어진 봄
포개진 하늘

침묵의 가슴 열고
찔레꽃 붉게 담긴
캔버스
사뭇 붉은 봄은 떠났다
봄 향기 몰려든 날
흰 비에 목청을 싣고

하필이면
플러스
봄
무너지는 날에

일사병(日射病)

애먼 날아
햇빛 바랜 서곡 속에
흔들리는 작별처럼
그리움 겹겹으로 쌓인 수첩에
내 언어가 충돌해도
백지 위에 파업하는 맨살
초점 몰수된 창작의 내실로
가득히 고마운 한입
향기 가득한 쌈지에
간섭 깨뜨리며
속눈썹같이 짧은
그냥 그리운 사람도
향기 찬 때깔 뒤로
쫓기어 가곤
그리, 비좁은 날에서
행복(幸福)한 줄 몰랐어

갓 넘은 날

제 얼굴
내 낡은 창들에
쩔둑거리는 얼굴로
그리움 범벅으로 구사하며
고백하는 갈등
문적으로 흐트러져
내실없는 일사병상으로나
대 가야

오늘밤
그는 혼자 깨어 비에 젖고
결국은 떨어지는 세상에서 숨은 세월
하나 가지고 싶어

오솔길

밋밋하지만 않은
인생사에
오불꼬불한 사연
감싸안고 바쁠세라
등 넘어 밤낮없이
이 봄 따라 오고간
옷 매무새 고운 옛님들

천대받은 세월에
이몸 어느 날에나
까맣게
반겨나 주실까만
저만큼
한 세상 한 길손들

이 봄이 가면

한 세상
너와 나는
설레는
마음으로만 가면
이
봄은
아프다 했지

꽃 진
한 많은
그 빈자리에서
억겁이 쌓인
문 두드리며
산새도
울면서 날아갑니다
그토록
아픈
절망은 없다며

제4부

勞心

파도(波濤)

뜨겁고 찬
겨울 바다가
신선히 가꾼
메밀꽃이
몸 부서져
모래알 뱉으며
출렁였습니다
실답다 날
처음 사랑 한다고

성난 남빛 바다 소집된
물결 위로
내 마음 부서지게 핀
외란(外亂)에 투옥된
메밀꽃

외로움 슬퍼
한 아흐레 남짓

불안한 피부
스케치 하며
허허한 바다 처매어
화폭에 담았다

안개 낀
봉창 너머로
훌쩍이며 밀리는
호스운 파도에
행복(幸福)이 살아
나직이 까무러쳐
나문재는
자지러지게 울었지

빽빽이
휘몰아치는 파도
어쩌다 오라고
만들어 가라고

내 섬기던
입술 붉은
파도의 파도 꽃

아

예약없던 이별이 채워진
물결 위로 떠도는
한 마리 갈매기 말이

내 입 속에 열린
깔깔대던
이별의 섬을
언제
잊으시라 전하면서
나 몰라라
그리
푸지게 우나

아 봄노래 너머로
불려간
남빛 바다여

나 그대
가는 허리
간살지게 잡고

거닐던 그 바다는
지금도
닫기다 열리다
메밀꽃 피고 지고
마구 달가락거리면서
아릿한 추억(追憶)만

조각조각 그리워
나 닮아
얽어 갑니다

지금

이러한 삶에서
너와 나는
영원히
가지고 갈 수 있는 것은
아무것도 없다
사람이고, 사랑이건
물건이건
왔다가는, 다시 다 떠나고
아쉬움
슬픔
아픔, 괴로움에
떠밀려
천하장사 없이
넘어박혀
떠나더라만
아무 탓 못하고

비오는 날엔

비가
억수로 쏟아지는 날엔
정겨운
비냄새 맡으며
창가에
자유롭게 서서

그리운
이유가 넘어진
여여뻤던 날들의
그
의미를 붙들고
그리움이
빨갛게
바쁘게 넘쳐

장대비에
빗장 걸고

이 빗길 나그네되어

혹여
살바람으로나
돌아올까
그리운
그 사람

약천(藥泉) 남구만 유허비(遺墟碑) 앞에서

해미 고개 저편 수원골
무상한 세월에
거기
아름다운 침묵의 날개를 달고

살가운 눈짓으로
청춘이 부푼 오월의 가슴 열고
약천의 유허비 앞에 섰다

살핏 오월에 매달린
꽃망울 목덜미에서
한맺힌 그리움 뽑아내는

"동창이 밝았느냐 노고지리 우지진다……"

태평연월에
죽은 듯 살아가는
애절한 인생희비(喜悲)의 바이브레이션

햇빛이
낙엽에 뒹굴어 쏟아진다
속눈썹 밟고
눈에 어린 인생이 쏟아진다

주야 사시사철 노숙하는
분단장 눈썹 고운 벗님네들

얼싸안고 얼키고 설켜
이리 비틀 저리 비틀 읊조리는 듯
대자연 정취(情趣)속에
유허비
억겁이 스쳐 가는 바람결에
샅샅이
떠오르는 문채

결국엔

생각에서
생각을 잡고
인정에서
사랑을 찾아
어려운 일도
쉽게 생각하고
좋은 욕심은
남에게도 주고
쉽게 살다 가자시구려

결국엔
빈쭉정이로
허물도 남기지 못하고
가는게 인생 아닌가

이별연습

언제봤지
이별을 잉태한
행복을

여직 가난을
흔들다
낯설게 여겼던
으레히
풀어지는
요령소리에
아버지 어머니를
닮아 간다

눈감아 몰아치는
친숙한 땅
내일
모레쯤
버티다가

노심(勞心) · 1

삶의 마디마디
서걱거리는
숯검정 소리를 들으며
등태 밀비의 포박을 풀었다
가파른
돌고개 올라서서

뒤틀린
닥나무 껍질
지개꼬리 보다 질긴
오장육부 풀어
기인 숨 내쉰 휘파람소리

하늘도 못 막는다는
가난 살기
별빛에 삭혀 어둠에 묻혀 갠 듯
깨뜨려 흐르고

한점 어김없이
그렇게 초저녁
한 자락
살 끝에
부르튼 행복
소록소록 덮여 내렸다

밤 청산아
내
한 입 골수 데려 가렴아

노심(勞心) ·2

가파른
돌고개 길 새고자리 끝에
한 대엿새
남루한 목숨 꽃꽃이 되어
홀로 나폴거리는 시각에
감당할 수 없는
늪으로 쫓아가고 있었다
이 밤 나면
마음 비우고 토닥이는
비라도 한 이틀 왔으면 좋으련만
되디 된날

별들의 게시판 아래서
갑자기 까칠 까칠한 눈에서
별들이 연달아 쏟아져 내리고
무슨 원한 있어
아린 마음 심사부리는 두견새는
솥 비었다 솥 비었다

그리, 저냥
슬피 미치게 우나

날 원망하는
내 사랑 같은 울음 소리
가슴 저려 아프고 따갑다
아릿아릿하게
흔들리는 눈물
일진사령(日辰司令)의 지느러미 끝에
부스스 고개를 들어
사색의 남배를 한 대 피어 물었다

아
괴롭고 행복했던 그때 그밤
정말로 행복했나 보다

비 오는 오후

비가
오는 날은
행복한 햇빛만
유람하다
간
빈
벤치에

끝끝내
속상한 고운 자리
지우려고
천지
사방에
비가 내리나 보다

멋지게

우리
어디
제마음에만 맞춰
어찌 사나, 그리
밉천 안드는
세련미 넘치는
마음의 향기로
멋지게
광내며

곳곳을 채워
한세상 곱게
살다 가자시구려

봄비

소리없이 내린다
봄비가
미소의 리듬은
오선을 읊고
사랑에 겨운 언덕엔
겨울이 녹아
후미진 언덕 아래서
버들강아지
조용히 울고 있다

아릿한 추억이
머뭇거리는
애로(艾老)의 뒷길에 서
비에 젖고
저만큼 낯선
가난한 몸살앞에
걸맞지 않은 나의 미로
오늘도 어제도

서럽게 부끄럽다

그대 앞에선
잃지 않았다
측량할 수 없는 세상의 거리
얄미운 사랑의 얀정머리에서
짠 날개짓으로 비에 젖은
당신의 미소가 부드러웠기에
버들강아지 솜털만큼
애처롭게 귀엽기만 하구나

향기도 유인도 없이
고운 다리를 절며
얼마만큼 더 가야 하나
가난의 슬픔이 길어야
사랑이 고운 것을

수덕사의 밤

수덕사
덕숭산 품에 안기어
삼라만상
구원의 송경 목탁 소리

너그러운 몸짓으로
새겨듣는
그 인연의 귀속에
황홀한 소망으로
편안히 안겨
밤눈 풀어내리고

차마
너그러운 피로의 몸살로
쬐그맣게
부끄러
외로워 보이는

여승당
서둘러
밤 가슴
소록소록 눠이고
밤 살 맴돌아
하얗게 사귀고 있다

고불 맹사성 고택에서

저 멀리 설화산 정기 받아
금곡천 태반에 태어난
"강호사시가"
오백년 전 긴
사적의 사색에서

초당에
그 숨결 몰아
앞뒤 세운
긴 수염의 백발
마치
백로가 날아 앉은 듯 나는 듯 한
거목의 여일 울리던 가락

끊이는 듯 이어
읊조리던
청청한 바이브레이션

희비애락에
심금을 울리고 달래던
풍체와
거문고의 공명이 몰려간 자리
저 멀리 아물아물 …

수 천 수만을 기다리는 듯
햇빛만 반짝인다

제4부

시집평설

수묵 수채화의 여운과 따뜻한 미소

박 진 환
(문학평론가 · 문학박사)

1. 前提

수묵화면 수묵화고, 수채화면 수채화지 어찌 수묵 수채화라 불러야 하는가의 의문은 4부에 나누어 실은 장문환 시인의 시집 『돌고개 풍경』의 큰 캔버스 안으로 들어가면 달라질 것이다. 그가 시집 머리에 고백적으로 진술한 것처럼 '시인은 크게는 우주를 노래하고, 자연을, 시대를, 삶을 노래할 것이고 작게는 정든 고향을 노래할 수도 있을 것이다. 작지만 고향을 노래할 수 있었고 또 이를 시집으로 묶어 엮었으니 내 딴엔 기쁨이 크다'고 고백한 것이나, '태어나서 한번도 고향을 뒤로 한적이 없이 오직 고향에서 고향을 벗하며, 사랑하며, 노래하며 살았으니 어찌 복이 많지 않다 할 수 있겠는가. 이런 소의로 해서 『돌고개 풍경』은 내 생과 함께 고향애'를 담았다는 고백은 깊게 밴 수묵의 향이 주는 안온함과 따스함 그리고 투명하고 맑게 전해져오는 수채화의 따뜻함이 메아리쳐지는 미소가 아닐까 한다.

특별히 정서를 이야기하자면 수묵화는 먹을 가지고 그리는 그림이긴 하지만 물을 주 재료로 사용한다는 점에서, 형형색색의 물감을 가지고 그리는 수채화와는 전혀 다를 것 같지만 수채화 또한 주 재료로 물을 사용한다는 점에서 같은 본질적 맥락성을 지닌다고 할 것이다. 이러한 맥락성은 주재료라는 방법적 또는 시적 표현양식을 떠나 장문환 시인이 표현하는 시의 본질의 이야기가 어느 특정한 소통의 방향을 향하고 있다는 데 그 길을 열어 줄 것이기 때문이다. 그 길과 소통의 방향은 간단히 이야야기하자면 시인 자신의 표현대로 태어나서 한번도 떠나본 적이 없는 고향을 이야기할 수 있고, 더 나아가 본성적인 모성적 본향에의 사모(思慕) 또는 연(緣)의 구가라 할 것이기 때문이다.

결국 수묵화든 수채화든 물이 들어감으로 인해 바탕이 투명하게 비쳐지는 그림으로 그려지는 것은 물론 색을 덧칠한다 할지라도 색의 형형색색만이 다를 뿐 그 깊이와 여운이 가져다 주는 두 그림의 성질은 같은 것이 될 것이기 때문이다. 물론 여기에는 두 그림의 특질상 작품이 완성되기 위해 필연적으로 기다려야 하는 즉, 물이 마르기 까지 작품 스스로가 만들어져 가는 응고 또한 또 하나의 시적 창조가 될 수 있다는 점에서 장문환 시인의 생명력 있는 자기생장적 시의 한 측면을 가지고 있다 할 것이다.

시를 제시, 이를 살펴봄으로써 그 이야기들을 더 깊게 나눌 수 있으리라고 본다.

2. 바탕과 속살을 드러내는 투명성의 여운

장문환 시인의 시는 앞서 이야기한것처럼 수묵화와 수채화의 두 성질을 다 갖춘 시들로 그 특질상 투명성을 이야기 하지 않을 수 없다. 투명성은 속살을 그리고 그림에 있어서는 바탕을 드러낸 것처럼 훤히 비치는 그런 양태이다. 그럼에도 드러냄과 보여짐이 결코 부박하지 않음은 그 소재가 그리고 장문환 시인의 바라보기가 진정성과 진솔성을 겸하고 있기 때문이며, 더 나아가 삶의 터전이며 언제나 그와 하나였던, 호흡의 연속성이었던, 모든 삶의 중심인 고향과 자연에 대한 사랑스런 자랑이며 소개이기 때문이다.

시를 제시, 살펴보기로 한다.

가) 땡땡 한 밤
내 마음 동원 할 여인(女人) 하나
갇힌 채 두절된
꽃솜씨
내가 나도 모를
캄캄한 밤
그리움 시비하다
시비로
님은 장미 위로
밤비가 내린다
꽃 너울 쓴 거지
꽃 피리나 불자

나) 요새도
사정이 어둔 찻집에서

나 혼자 비우려는
찻 잔에
귀 떨어진
핼쑥한 입술을 댄다

이맘 때
아주 가까운 거리에서
미소가
나부꼈다

서릿바람이 부는
가랑비가 내립니다

자
한 잔
드시지요

다) 연초록
은회백색 물결 치는
호밀밭에
샐글어진 얼굴
검은 분 바르고
조각 달
기울어진 그늘에
밤이슬 젖어가며
한 자의 스프링 코트

나누어 덮고
호밀꽃
검은 피 흘리며
밤소리 치던
깊은 밤
아 ? 행복(幸福)한 그밤

라) 밋밋하지만 않은
인생사에
오불꼬불한 사연
감싸안고 바쁠세라
등 넘어 밤낮없이
이 봄 따라 오고간
옷 매무새 고운 옛님들

천대받은 세월에
이몸 어느 날에나
까맣게
반겨나 주실까만
저만큼
한 세상 한 길손들

가)는 「꽃거지」의 마지막 연이며, 나)는 「폐업한 찻집 · 1」 전문이며, 다)는 「호밀밭 전문」 그리고 라)는 「오솔길」 전문이다.

'캄캄한 밤 / 그리움 시비하다' 만나는 세상은 '밤비가 내리'고 '서릿바람이 부는 / 가랑비가 내리는' 모습 뿐이다. 그러나 그 비는 단순한 서글픔이나 쓸쓸함이 아닌 '꽃 피리나 불자'는 담담한 여운을 즐김과 함께 '한 잔 / 드시지요'로 나눌 수 있는 여유와 넉넉함을 드러내는 따뜻한 휴머니티가 있다. 이러한 여유 그리고 넉넉함은 나누어 '밋밋하지만 않은 / 인생사에 / 오불꼬불한 사연 / 감싸안고 바쁠세라 / 등 넘어 밤낮없이 / 이 봄 따라 오고간 / 옷 매무새 고운 옛님들'을 기억하는 필자의 세상바라보기가 되는 것이다. 세상바라보기는 결국 독백과 고백처럼 '호밀꽃 / 검은 피 흘리며 / 밤소리 치던 / 깊은 밤 / 아 행복(幸福)한 그 밤'으로 귀결되며 아무것도 보이지 않는 밤이기는 하지만, 또 무엇인가 내일을 꿈꾸며 그려낼 수 있는 투명성의 전제가 되기도 한다.

3. 형형색색으로 채색되어지는 따스함의 기대

밑그림과 바탕이 보여지더라도 그림의 완성도와 내밀성은 색채화에 있다. 그런데 그 색채화 작업이 밑그림을 상하거나 밑그림의 여백을 지워나가는 작업이 아닌 색채의 옷을 입힘으로 더욱 풍성해지고 다양해지는 풍성함의 기대를 가져다 준다면 그 그림이야 말로 최고의 선물이 될 것이다.

바로 장문환 시인만이 주는 따스함의 기대로 채색된 시가 그런 선물로서 다채로운 모양을 드러내주고 있는데 시를 제시, 살펴보기로 한다.

가) 가난

가난은 흔들리면
흔들릴수록 가난한 법

모든 가난의 길속을
다정한
솜씨들로 길들이지 못한 세상이
열 길, 백 길 천 길을 갔다해도
야속이, 서러워 한이 맺힌다

나) 너와 나는
밤새도록 퍼붓는
멜로디에
불만의 물정을 보복하며
밤 눈 나누는
인색했던 노래를 불렀다
음악이 고여있는
밤이 누운
고운 멜로디로

소복소복 살찐
검은 풀밭
밤에만 이슬이 비쳐
속삭이며
금지된 언어는
살찐 시간에 찔려
아름다운 밤은
야위어 갔지

다) 어림도 낼 수 없는
그리움만
쥔 손끝
이제

너와 나
어느덧 보이지 않은
애틋한
밤 정원에서
진종일 고달팠던
염기를 닦으며
이렇게 뜨럽고
아프다
지새워
짧은 밤 울어주는
두견새 통성으로
피곤한 날개를 펴고
나는 높고 넓은 창공을
헤집고 헤매이다
네 가냘픈 입술에 내려
나직이 속삭여
뒹굴다가

가)는 「아가야」, 나)는 「밤의 멜로디」의 전문이며, 다)는 「보리까락 모닥불」 2연이다.

'솜씨들로 길들이지 못한 세상'에 대응하는 모습을, 그런 세상을 향하는 필자의 모습은 밤새도록 퍼붓는 '멜로디에 / 불만의 물정을 보복하며 / 밤 눈 나누는 / 인색했던 노래를 불러 모든 것을 '멜로디'로 승화하는 한편, '어색한 미소로 바뀌어도 / 살찐 감염된 사랑은 / 오해를 보급하지 않'는 담대함을 함께 겸하고 있음을 보여주고 있다. 더불어 '이렇게 뜨겁고 / 아프다 / 지새워 / 짧은 밤 울어주는 / 두견새 통성으로 / 피곤한 날개를 펴고 /

나는 높고 넓은 창공을' 향하는 비상을 품어내기도 한다.

이와 같이 장문환 시인의 시는 밖으로는 형형색색으로 채색되는 다양한 문양의 외양이 있고, 안으로는 보듬어 안아주는 따스한 체온과 체온으로 나누는 휴머니티가 있는 내·외의 양면성을 지니고 있다.

4. 결어

장문환 시인은 『돌고개 풍경』을 통해 그리움의 대상으로 잠들어 있을 삶의 터전을, 속살 든든한 '시간을 안고 / 어울러져도 / 이따금씩 / 먹구름 몰고 와 // 내 육신을 터는 바람 / 그것은 / 만인에게 주는 / 무상의 벗'으로 나누고 있다.

결국 앞서 표현한대로 수묵화든 수채화든 물이 들어가 삼투됨으로 인해 바탕이 투명하게 비쳐지는 그림처럼 장문환 시인의 시는 서정으로 채색된다. 이때 덧칠하여 채색된 형형색색만이 다를 뿐 그 깊이와 여운이 가져다 준 시적 여운과 따스함은 장문환 시인의 생명력 있는 시의, 자양으로 흡습돼 자기생장적 시의 한 측면으로 성장되고 있음을 보여주고 있다.

•

장문환 시인은 충남 예산출생. 「시와 시론」으로 데뷔. 예산초등학교, 예산농고졸업. 육군장교전역. 초등학교교사. 고시검정 합격(교련). 고등학교 일본어 교사. 중학교 교감 정년 퇴임. 한국문인협회 회원. 한국문인협회 충남지회 회원. 한국문협 예산 지부장역임. 서안시 문학회 회원.

•

조선문학시인선 259

2009년 4월 10일 인쇄
2009년 4월 25일 발행

돌고개 풍경

지은이 / 장문환
발행인 / 박진환
펴낸곳 / 조선문학사
등록번호 / 1-2733
주소 · 110-092 서울 서대문구 홍제2동 96-4
대표전화 / 730-2255
팩스 / 723-9373

ISBN 978-89-93614-11-4

정가 8,000원